When I Am Gloomy
Apabila Saya Bermuram

Sam Sagolski
Illustrated by Daria Smyslova

www.kidkiddos.com
Copyright ©2025 by KidKiddos Books Ltd.
support@kidkiddos.com

All rights reserved. No part of this book may be reproduced in any form or by any electronic or mechanical means, including information storage and retrieval systems, without written permission from the publisher, except in the case of a reviewer, who may quote brief passages embodied in critical articles or in a review.
First edition, 2025

Translated from English by Najibah Abu Bakar
Terjemahan daripada bahasa Inggeris oleh Najibah Abu Bakar

Library and Archives Canada Cataloguing in Publication
When I Am Gloomy (English Malay Bilingual edition)/Shelley Admont
ISBN: 978-1-0497-0255-1 paperback
ISBN: 978-1-0497-0256-8 hardcover
ISBN: 978-1-0497-0257-5 eBook

Please note that the English and Malay versions of the story
have been written to be as close as possible. However, in some cases they differ
in order to accommodate nuances and fluidity of each language.

One cloudy morning, I woke up feeling gloomy.
Suatu pagi yang mendung, saya bangun dengan rasa muram.

I got out of bed, wrapped myself in my favorite blanket, and walked into the living room.
Saya bangun dari katil, membungkus diri saya dalam selimut kegemaran, dan berjalan masuk ke ruang tamu.

"Mommy!" I called. "I'm in a bad mood."
"Ibu!" saya memanggil. "Saya dalam mood tidak baik."

Mom looked up from her book. "Bad? Why do you say that, darling?" she asked.
"Ibu mendongak daripada bukunya. "Tidak baik? Kenapa kamu berkata begitu, sayang?" dia bertanya.

"Look at my face!" I said, pointing to my furrowed brows. Mom smiled gently.
"Lihatlah wajah saya!" Saya berkata, menunjuk kepada kening saya yang berkerut. Ibu senyum dengan lembut.

"I don't have a happy face today," I mumbled. "Do you still love me when I'm gloomy?"
"Saya tidak mempunyai wajah yang gembira hari ini," saya menggumam. "Adakah Ibu masih sayangkan saya apabila saya muram?"

"Of course I do," Mom said. "When you're gloomy, I want to be close to you, give you a big hug, and cheer you up."

"Sudah tentu Ibu sayang," Ibu berkata. "Apabila kamu muram, Ibu mahu berada dekat dengan kamu, memberi kamu pelukan yang erat, dan menggembirakan kamu."

That made me feel a little better, but only for a second, because then I started thinking about all my other moods.

Itu menjadikan saya berasa lebih baik, tetapi hanya seketika, kerana kemudian saya mula berfikir tentang semua mood saya yang lain.

"So... do you still love me when I'm angry?"
"Jadi... Ibu masih sayangkan saya apabila saya marah?"

Mom smiled again. "Of course I do!"
Ibu tersenyum lagi. "Sudah tentu Ibu sayang!"

"Are you sure?" I asked, crossing my arms.
"Adakah Ibu pasti?" Saya bertanya, menyilangkan lengan saya.

"Even when you're mad, I'm still your mom. And I love you just the same."

"Walaupun apabila kamu marah, Ibu masih Ibu kamu. Dan Ibu sayangkan kamu sama sahaja."

I took a big breath. "What about when I'm shy?" I whispered.

Saya mengambil nafas panjang. "Bagaimanakah pula apabila saya malu?" Saya berbisik.

"I love you when you're shy too," she said. "Remember when you hid behind me and didn't want to talk to the new neighbor?"

"Ibu sayang kamu apabila kamu malu juga," dia berkata. "Ingat apabila kamu bersembunyi di belakang Ibu dan tidak mahu bercakap dengan jiran baharu?"

I nodded. I remembered it well.

Saya menggangguk. Saya mengingatinya dengan baik.

"And then you said hello and made a new friend. I was so proud of you."

"Dan kemudian kamu berkata helo dan mendapat kawan baharu. Ibu sangat bangga dengan kamu."

"Do you still love me when I ask too many questions?" I continued.

"Adakah Ibu masih sayangkan saya apabila saya bertanya terlalu banyak soalan?" Saya bertanya lagi.

"When you ask a lot of questions, like now, I get to watch you learn new things that make you smarter and stronger every day," Mom answered. "And yes, I still love you."

"Apabila kamu bertanya banyak soalan, seperti sekarang, Ibu dapat melihat kamu belajar perkara baharu yang menjadikan kamu lebih pintar dan kuat setiap hari," Ibu menjawab. "Dan ya, Ibu masih sayangkan kamu."

"What if I don't feel like talking at all?" I continued asking.

"Bagaimanakah jika saya berasa tidak mahu bercakap langsung?" Saya terus bertanya.

"Come here," she said. I climbed into her lap and rested my head on her shoulder.

"Mari sini," dia berkata. Saya memanjat ke ribanya dan merehatkan kepala saya pada bahunya.

"When you don't feel like talking and just want to be quiet, you start using your imagination. I love seeing what you create," Mom answered.

"Apabila kamu tidak berasa ingin bercakap dan hanya ingin diam, kamu mula menggunakan imaginasi kamu. Ibu suka melihat apa yang kamu cipta," Ibu menjawab.

Then she whispered in my ear, "I love you when you're quiet too."

Kemudian dia berbisik di telinga saya, "Saya juga sayangkan kamu apabila kamu diam."

"But do you still love me when I'm afraid?" I asked.

"Tapi adakah Ibu masih sayangkan saya apabila saya takut?" Saya bertanya.

"Always," said Mom. "When you're scared, I help you check that there are no monsters under the bed or in the closet."

"Sentiasa," kata Ibu. "Apabila kamu takut, Ibu bantu kamu periksa supaya tiada apa-apa raksasa di bawah katil atau di dalam almari."

She kissed me on the forehead. "You are so brave, my sweetheart."

Dia mencium saya di atas dahi. "Kamu amat berani, buah hatiku."

"And when you're tired," she added softly, "I cover you with your blanket, bring you your teddy bear, and sing you our special song."

"Dan apabila kamu letih," dia menambah dengan lembut, "Ibu akan menyelimuti kamu dengan selimut kamu, membawakan kamu patung beruang kamu, dan menyanyikan kamu lagu istimewa kita."

"What if I have too much energy?" I asked, jumping to my feet.

"Bagaimanakah kalau saya mempunyai tenaga terlalu banyak?" Saya bertanya, sambil bangun melompat.

She laughed. "When you're full of energy, we go biking, skip rope, or run around outside together. I love doing all those things with you!"

Dia ketawa. "Apabila kamu penuh bertenaga, kita pergi berbasikal, lompat tali, atau berlari keliling di luar bersama-sama. Ibu suka melakukan semua perkara itu dengan kamu!"

"But do you love me when I don't want to eat broccoli?" I stuck out my tongue.

"Tapi adakah Ibu sayangkan saya apabila saya tidak mahu makan brokoli?" Saya menjelirkan lidah saya.

Mom chuckled. "Like that time you slipped your broccoli to Max? He liked it a lot."

Ibu ketawa kecil. "Seperti masa itu kamu memberikan brokoli kamu kepada Max? Dia amat menyukainya."

"You saw that?" I asked.
"Ibu nampak?" Saya bertanya.

"Of course I did. And I still love you, even then."
"Sudah tentu Ibu nampak. Dan Ibu masih sayangkan kamu, pada ketika itu."

I thought for a moment, then asked one last question:
Saya berfikir seketika, kemudian bertanya satu soalan terakhir:

"Mommy, if you love me when I'm gloomy or mad... do you still love me when I'm happy?"
"Ibu, jika kamu sayangkan saya apabila saya muram atau marah... adakah Ibu masih sayangkan saya apabila saya gembira?"

"Oh, sweetheart," she said, hugging me again, "when you're happy, I'm happy too."
"Oh, buah hati Ibu," dia berkata, memeluk saya lagi, "apabila kamu gembira, Ibu pun gembira juga."

She kissed me on the forehead and added, "I love you when you're happy just as much as I love you when you're sad, or mad, or shy, or tired."
Dia mencium saya di atas dahi dan berkata, "Ibu sayangkan kamu apabila kamu gembira sama seperti Ibu sayangkan kamu apabila kamu sedih, atau marah, atau malu, atau letih."

I snuggled close and smiled. "So... you love me all the time?" I asked.

Saya mengerekot rapat dan tersenyum. "Jadi... Ibu sayang saya sepanjang masa?" Saya bertanya.

"All the time," she said. "Every mood, every day, I love you always."

"Sepanjang masa," dia berkata. "Setiap mood, setiap hari, Ibu sayang kamu sentiasa."

As she spoke, I started feeling something warm in my heart.

Ketika dia bercakap, saya mula berasakan sesuatu yang hangat dalam hati saya.

I looked outside and saw the clouds floating away. The sky was turning blue, and the sun came out.

Saya memandang ke luar dan melihat awam berarak pergi. Langit bertukar biru, dan matahari pun keluar.

It looked like it was going to be a beautiful day after all.

Nampaknya ia akan menjadi satu hari yang cantik juga akhirnya.

www.ingramcontent.com/pod-product-compliance
Lightning Source LLC
LaVergne TN
LVHW072108060526
838200LV00061B/4834